Comics, als ›Vergnügen von Analphabeten‹ beschimpft, in periodischen Abständen ihrer Geschichte verfolgt und verbrannt, gehören längst überall auf der Welt zur alltäglichen Unterhaltungslektüre von Millionen. Auch diese Reihe im Fischer Taschenbuch Verlag soll zunächst einmal Spaß machen. Darüber hinaus jedoch sind die bisher vorliegenden Bände – vom klassischen *Little Nemo* über den modernen *Flabby Jack* und den fröhlichen *Kleinen König* bis zum populären *Prinz Eisenherz* der augenfällige Beweis, daß zu allen Zeiten der Comic-Geschichte von ernst zu nehmenden Graphikern und Textern Serien geschaffen wurden, die durch ihre künstlerische Originalität und ihre Phantasie auch gehobenen Ansprüchen gerecht werden.

Das geschah im dritten Band (Fischer Taschenbuch Bd. 1547):
Eisenherz wird das friedliche Leben im wiedereroberten Heimatland Thule bald langweilig, und er bricht als fahrender Ritter zu weiteren Heldentaten auf. Ganz Südeuropa steht in Flammen, von den barbarischen Hunnen unterjocht. Er eilt der tapferen Besatzung der Burg Andelkrag zu Hilfe – und bleibt als einziger am Leben im Kampf gegen die Übermacht. Nun beginnt er, im Alleingang vereinzelte Hunnentrupps zu überfallen; seine Erfolge sprechen sich herum, aus der ersten kleinen Schar wird im Zuge weiterer Siege ein stattliches Heer. Eisenherz gerät in die Gewalt des Tyrannen von der Stadt Pandaris – die er durch List und Mut von der Knechtschaft befreit. Schließlich lockt er das gewaltige Hunnenheer in einen Hinterhalt, erobert deren Lager und schlägt die Barbaren vernichtend. Mit seinen alten Freunden Tristan und Gawain, Rittern der Tafelrunde, bricht er auf zu neuen Abenteuern.
Zum vorliegenden Band siehe Umschlagrückseite.

Prinz Eisenherz

Kampf gegen die Hunnen

von Hal Foster

Fischer Taschenbuch Verlag

Fischer Taschenbuch Verlag
Mai 1976
Umschlagentwurf: Jan Buchholz/Reni Hinsch
unter Verwendung einer Zeichnung von Hal Foster
Fischer Taschenbuch Verlag GmbH, Frankfurt am Main
Lizenzausgabe mit freundlicher Genehmigung
von Bulls Pressedienst GmbH, Frankfurt am Main

Gesamtherstellung: Clausen & Bosse, Leck
Printed in Germany
480-ISBN 3 436 02269 1

Am Ende des vorigen Bandes erweist sich Jago als würdiger Schüler des tapferen Prinzen . . .

Prinz Eisenherz
von
HAROLD
FOSTER
KÄMPFT GEGEN DIE HUNNEN
»Prinz Eisenherz soll uns nach Ungarn führen, damit Europa von seiner Geißel befreit werde. Nur unter seinem Befehl können wir die Hunnen vertreiben.«
»Verzeiht, edle Herren, aber hier kommt der Prinz selber.« In diesem Augenblick tritt Eisenherz ins Zelt.
Die Gesandten vermuten bei diesem Anblick, man wolle Scherz mit ihnen treiben.
Der Jüngling aber spricht, wie nur ein Königssohn sprechen kann: »Meine Herren, Euer Auftrag ehrt mich. Ich weiß aber auch, daß jeder Angriffskrieg nur die Voraussetzung für einen künftigen Krieg ist.«
HAL FOSTER
»Hier, unter meiner Hand, liegt das Buch der Weltgeschichte. Ich finde keine einzige Eroberung darin, die durch Gewalt erzwungen wurde. Alexander und Cäsar wollten die Welt beherrschen. Wo sind sie geblieben? Wo blieb Babylon, wo Persien, wo Karthago? Nein, ihr Herren, ich führe mein Schwert nur für Freiheit und Recht.«
CHARLES MARTEL
DEFEATS MOORS 732
SAVE THIS STAMP
165 4-7-40
AMURATH
THAGNAR
LAUNCELOT
SIR GAWAIN
PRINCE VALIANT
KING ARTHUR
QUEEN GUINEVERE
WISE MERLIN
MORGAN LE FEY
RAMUD

Prinz Eisenherz
KÄMPFT GEGEN DIE HUNNEN
von HAROLD FOSTER
»Und hier ist Hulta, die Königin der Stämme, die den Paß verteidigen wollen.«
Hulta führt die Gesandten an den Paß, wo die Festungsanlagen schon im Entstehen sind.
In diesen Tagen werden auch die Grenzen festgelegt und das Land aufgeteilt. Für Jago sind das glückliche Tage, denn er kann nun oft mit Hulta zusammen sein.
Ohne diesen alten Stammesbrauch wäre sein Glück vollkommen gewesen. Wie aber sollte er Hulta retten oder den Nebenbuhler besiegen?
Da kommt der Zufall zu Hilfe. Versprengte Hunnen folgen tagelang der kleinen Schar, um gelegentlich billige Beute zu machen.
An einem Morgen badet Hulta fern von ihren Begleitern. Die Hunnen nahen sich wie auf Katzenpfoten.
CRUSADERS 1097 A.D. GODFREY
SAVE THIS STAMP
Jago hört durch das Murmeln des Baches einen fernen Schrei und gleich darauf das grausame, höhnische Lachen der Hunnen.
Er zögert keinen Augenblick und rennt nach dem Schauplatz des Überfalls. Fünf Hunnen sind eben dabei, Hulta zu rauben.
166 4-14-40
HAL FOSTER
Nun zögert Jago aber doch. Gewiß, er liebt die junge Königin, aber fünf gegen einen, und er selber ohne Waffen? Jago ist einen Augenblick lang unentschlossen.
CRUSADERS 1191 A.D. RICHARD LION HEART
SAVE THIS STAMP
AMURATH
THAGNAR
LAUNCELOT
SIR GAWAIN
PRINCE VALIANT
KING ARTHUR
QUEEN GUINEVERE
WISE MERLIN
MORGAN LE FEY
RAMUD

Prinz Eisenherz
KÄMPFT GEGEN DIE HUNNEN
von HAROLD FOSTER
Hulta wehrt sich tapfer, aber aussichtslos gegen die brutale Gewalt. Jago muß das mit ansehen. Endlich packt ihn der Grimm.
Vergessen ist die Übermacht des Feindes, vergessen die Gefahr um das eigene Leben. Jago weiß nur noch, daß er helfen muß.
Die Hunnen sehen Jago kommen. Ein schlitzäugiger Kerl stellt sich bereit, den Unbewaffneten niederzuschlagen.
Aber auch eine einfache Schleuder kann in der Hand des Geübten zur fürchterlichen Waffe werden, Jago war sehr geübt.
Die Kiesel sind hart und treffen sicher.
Der dritte Hunne muß zu seinem eigenen Schaden erfahren, daß Hulta die würdige Tochter eines großen Kriegers ist.
CHARLEMAGNE 800 A.D. EMPEROR OF ROME
SAVE THIS STAMP
Immer wieder kann die frischgeladene Schleuder ihr rettendes Werk verrichten.
Alles geschieht so schnell, daß die anderen Hunnen nicht zum Pfeilschuß kommen. Hulta und Jago rennen zum Fluß..
167 4-21-40
HAL FOSTER
Wie sie ins Wasser tauchen, schreit Hulta um Hilfe. Das arme Kind kann leider nicht schwimmen, und das Wasser ist so tief.
CHARLEMAGNE DIED 814
SAVE THIS STAMP
AMURATH
THAGNAR
LAUNCELOT
SIR GAWAIN
PRINCE VALIANT
KING ARTHUR
QUEEN GUINEVERE
WISE MERLIN
MORGAN LE FEY
RAMUD

Prinz Eisenherz
KÄMPFT GEGEN DIE HUNNEN
von HAROLD FOSTER
Ehe Jago noch erkennt, daß Hulta nicht schwimmen kann, sind sie schon im tosenden Wasser. Für Höflichkeiten ist jetzt keine Zeit.
Ein Felsen in der Mitte des Flusses gibt Schutz vor den schwirrenden Pfeilen.
Gefahr ist im Verzug, aber im Lager hören die Freunde jetzt endlich Jagos Rufe.
Gerade als die drängende Flut das Paar vom Felsen wegspülen will, kommt Hilfe.
Jago läßt sich abwärts treiben und erreicht mit dem Mädchen das Ufer.
In diesem Augenblick erkennt er, daß ihm Hulta mehr Wert ist als das eigene Leben.
SAVE THIS STAMP
Zu den Kriegern aber sagt er: »Ich will eure Königin heiraten und bin bereit, mit jedem von euch um diesen Preis zu fechten.«
»Du hast die Probe schon bestanden«, antwortet der alte Nebenbuhler. »Hulta verdankt dir das Leben, und ich bin der erste, der deine Vorrechte neidlos neten niederzuschlagen.
168 4-28-40
HAL FOSTER
Das ist des Glücks zuviel für Jago. Als sich zwei weiche Arme um seinen Hals legen, denkt er, daß ihm seine ganzen Gauklereien weniger einbrachten als eine einzige mutige Tat.
AMURATH
THAGNAR
LAUNCELOT
SIR GAWAIN
PRINCE VALIANT
KING ARTHUR
QUEEN GUENEVERE
WISE MERLIN
MORGAN LE FEY
RAMUD

Prinz Eisenherz
KÄMPFT GEGEN DIE HUNNEN
von HAROLD FOSTER
Er schmiedet viele Reime auf Hultas Schönheit und sie singt ihm die kleinen vertändelten Lieder vor, die junge Mädchen so gerne singen, wenn sie verliebt sind.
Nebenbei hat Jago aber auch ernstere Aufgaben, vor allem widmet er sich sehr gründlich der Befestigung des Passes.
Im Lager wird es allmählich leer. Jeden Tag verabschieden sich andere Krieger, um Hultas Stamm beizutreten oder heimzukehren.
Das letzte gemeinsame Festmahl gilt der Hochzeit von Hulta und Jago. Es sind Tage der Freude, des Lachens und auch des plötzlichen Schweigens, denn manches Herz wird schwer bei dem Gedanken an die baldige Trennung von Eisenherz, der nach Rom weiterziehen will.
Nur seine nächsten Freunde, die Ritter Gawain und Tristan, begleiten ihn.
HAL FOSTER
Der Zufall wollte aber, daß sie unterwegs einigen Glücksspielern begegnen, die zu weiteren spannenden Erlebnissen führen.
169 5-5-40
AMURATH
THAGNAR
LAUNCELOT
SIR GAWAIN
PRINCE VALIANT
KING ARTHUR
QUEEN GUINEVERE
WISE MERLIN
MORGAN LE FEY
RAMUD

DIE SAGE VOM SINGENDEN SCHWERT
HF

Prinz Eisenherz
KÄMPFT GEGEN DIE HUNNEN
von HAROLD FOSTER
Gegen Abend erreichen sie ein Dorf.
Ein Gasthaus bietet Herberge zur Nacht.
Im Schankraum sitzen drei andere Gäste beim Würfelspiel und Wein. Mit fortschreitendem Spiel werden die Einsätze höher.
Gawain, der zuweilen selber gern ein Spielchen macht, setzt sich dazu und dann fängt die Sache an wirklich erst zu werden.
Eisenherz, der von Jago manchen Trick gelernt hat, erkennt bald, daß Gawain an gerissene Falschspieler geraten ist.
Ehe er sich schlafen legt, befiehlt er dem Stallburschen, ihn zu wecken, wenn die Glücksspieler nach den Pferden verlangen.
Kurz vor Morgengrauen ist es so weit. Der Stallbursche erscheint am Fenster und ruft leise nach Eisenherz.
Gawain sagt indessen zu sich selber ... Edler Ritter, du bist ein fürchterlicher Schafskopf. Daß dein Geld weg ist, mag noch angehen . . . aber auch das Pferd und die Waffen? Brrr . . . Wenn das Eisenherz erfährt . . .
Während dieses Zwiegespräches treten Eisenherz und Tristan schon den abreitenden Glücksrittern gewappnet entgegen: »Halt!«
AMURATH
THAGNAR
LAUNCELOT
SIR GAWAIN
PRINCE VALIANT
KING ARTHUR
QUEEN GUINEVERE
WISE MERLIN
MORGAN LE FEY
RAMUD

Prinz Eisenherz
KÄMPFT GEGEN DIE HUNNEN
von HAROLD FOSTER
Der Prinz holt die Falschspieler in den Hof des Gasthauses zurück und ruft Gawain.
»Nun, alter Knabe, schau zu, wie ich dein Gut zurückgewinne. Sei froh, daß sie dir nicht auch noch die Windeln genommen haben!«
»Und jetzt, meine Herren, spielen wir, wie ich's bei Jago gelernt habe. Der konnte mit falschen Würfeln viel besser umgehen.«
»Was? Falsche Würfel? Oh, ihr Gaunervolk, das kostet Blut!« ruft Gawain, zieht das Schwert und tritt zum Ausholen zurück.
Später meint er, er wolle sein Schwert nie wieder unter aufgehängter Wäsche ziehen.
Die Wäscheleine reißt, und der Ritter nimmt ein Sitzbad im vollen Wasserkübel!
Eisenherz ruft die dicke Wirtin und sagt, es wolle ihr wohl einer die Wäsche stehlen.
»Oh, du Dieb! (Bumm) Du Strolch! (Wumm) Du Lump! (Wumm-Bumm). Raus aus meinem Eimer!«
Gawain will und kann doch nicht.
HAL FOSTER
171 5-19-40
AMURATH
THAGNAR
LAUNCELOT
SIR GAWAIN
PRINCE VALIANT
KING ARTHUR
QUEEN GUINEVERE
WISE MERLIN
MORGAN LE FEY
RAMUD

Prinz Eisenherz
von HAROLD FOSTER
KÄMPFT GEGEN DIE HUNNEN
»Zu Hilfe, Freunde, zu Hilfe! Oder soll ich mein Leben als Schildkröte beschließen?«
Der närrische Stallbursche kommt auf den Gedanken, die als Faßreifen dienenden Weidenruten mit einem Beil aufzuhacken.
Leider holt er dabei viel stärker aus, als eigentlich notwendig wäre. Das schmerzt.
Bei aller Liebe zu Gawain ist die Natur seines Leidens so komisch, daß die Freunde darüber vorerst nur lachen und spotten können.
Gawains geschändete Rückseite braucht drei Tage Erholung, bis er wieder reiten kann.
Inzwischen läßt Tristan die Falschspieler im Stall nützliche Arbeit verrichten und fragt nicht, ob ihnen dies auch gefalle.
Nach getaner Arbeit vollzieht sich der Abschied schneller, als den Gaunern lieb ist.
Weil Ritter aber auch ritterlich sein sollen, begibt sich Tristan ins Dorf und schäkert munter mit den Mädchen am Brunnen.
172 5
HAL FOSTER
Um die gleiche Zeit kommt ein Bauer zu Eisenherz gerannt und schreit atemlos: »Hilfe, der Riese! Hilfe, der Riese!«
AMURATH
THAGNAR
LAUNCELOT
SIR GAWAIN
PRINCE VALIANT
KING ARTHUR
QUEEN GUINEVERE
WISE MERLIN
MORGAN LE FEY
RAMUD

Prinz Eisenherz
KÄMPFT GEGEN DIE HUNNEN
von HAROLD FOSTER
Statt eines furchterregenden Riesen kommt nur ein friedlicher Zwerg auf kurzen Beinen die holprige Dorfstraße entlang-gewatschelt.
Er liest vor, was sein Herr, der Riese, von dem Dorfe fordert: »Schickt das alles mit einem Sklaven und zwei Packpferden.«
»Zweimal im Jahr«, erklären die Leute, »erhalten wir solche Botschaft, und viele Tapfere wurden von dem Riesen schon erschlagen.«
»Für dieses Mal will ich der Sklave sein«, bestimmt Eisenherz und wirft einen weiten Mantel um, der auch seine Waffen verbirgt.
Der Weg ist mit den Helmen erschlagener Ritter gekennzeichnet, die Eisenherz das traurige Schicksal seiner Vorgnäger verraten.
HAL FOSTER
Über der unheimlichen Felsenlandschaft krächzen Geier. Die Pferde werden unruhig, und Eisenherz hat das Gefühl, daß er von unsichtbaren Augen beobachtet wird.
173 6-2-40
AMURATH
THAGNAR
LAUNCELOT
SIR GAWAIN
PRINCE VALIANT
KING ARTHUR
QUEEN GUINEVERE
WISE MERLIN
MORGAN LE FEY
RAMUD

Prinz Eisenherz
KÄMPFT GEGEN DIE HUNNEN
von HAROLD FOSTER
Der furchtlose Jüngling schreitet seinen Weg aufmerksam, aber ruhig weiter.
Ein verstohlener Blick nach rückwäts zeigt dem Prinzen die ungeschlachte Gestalt des Riesen, mit dem er kämpfen will . . .
Mit dem gleichen raschen Blick erkennt er aber auch, daß die Tiere der Einsamkeit den Unhold nicht zu fürchten scheinen.
An der engsten Stelle der Schlucht stößt Eisenherz auf ein offenes Tor, das er durchschreitet.
Eisenherz beobachtet, wie der Riese das Tor hinter ihm verschließt. Gefangen!
Hinter dem Tor beginnt ein Wald. Eisenherz nimmt Pfeil und Bogen an sich, treibt die Pferde an und verschwindet im Busch.
Bald darauf stampft das Ungetüm an dem grünen Versteck vorbei.
Am Ende des Waldes entdeckt der Riese das Fehlen des Sklaven; er dreht sich um und brüllt: »Von hier ist noch keiner entflohen! Komm her, oder verhungere im Wald!«
HAL FOSTER
Darauf wendet er sich gelassen seiner nahen Behausung zu. Eine Meute rasseloser Hunde umtanzt ihn dabei in kläffender Freude.
AMURATH
THAGNAR
LAUNCELOT
SIR GAWAIN
PRINCE VALIANT
KING ARTHUR
QUEEN GUINEVERE
WISE MERLIN
MORGAN LE FEY
RAMUD

Prinz Eisenherz
KÄMPFT GEGEN DIE HUNNEN
von HAROLD FOSTER
Eisenherz beschließt, sich vor dem Kampf noch einmal zurückzuziehen. Der Fluß, der das Tal bewässert, muß doch einen Ausgang haben.
Pech! Der Fluß verläßt das Tal durch eine ungangbare Schlucht.
Auch die Felswände, die das Tal umschließen, sind selbst für einen so kühnen Kletterer ohne fremde Hilfe einfach nicht zu bezwingen.
Bei Sonnenuntergang sucht Eisenherz wieder den Wald auf und bereitet sich auf die Ereignisse der Nacht vor.
Die Kletterstange leistet gute Dienste. Der Prinz arbeitet sich damit am Haus des Riesen empor.
So erreicht er mühsam ein Fenster, hinter dem Licht brennt. Durch das Gitter dringt das Raunen vieler Stimmen an das Ohr des Prinzen.
HAL FOSTER
Vor seinen Augen entrollt sich eine gespenstische Szene. Am Tisch sitzen Krüppel und zwergenhafte Mißgeburten mit dem Riesen beim Mahl. Es ist eine Welt von armen Ausgestoßenen.
AMURATH
THAGNAR
LAUNCELOT
SIR GAWAIN
PRINCE VALIANT
KING ARTHUR
QUEEN GUINEVERE
WISE MERLIN
MORGAN LE FEY
RAMUD

Prinz Eisenherz
KÄMPFT GEGEN DIE HUNNEN
von HAROLD FOSTER
Um das Rätsel vollends zu lösen, beschließt Eisenherz, sich dem Riesen offen zu zeigen.
Bei Sonnenaufgang stellt er sich in voller Größe vor dem Haus auf. Pfeil und Bogen werden zur Sicherheit unterm Mantel bereitgehalten
»Sieh da!« brüllt der Riese, »unser Sklave will also doch lieber arbeiten als verhungern.«
Eisenherz greift gelassen zu Pfeil und Bogen. »Keinen Schritt weiter«, warnt er, »sonst schieße ich deine ganze Hundemeute zusammen.«
Das grobschlächtige Gesicht des Riesen verliert plötzlich sein finsteres Aussehen, und seine Augen spiegeln Sorge. »Nein«, ruft er, »bitte tue meinen armen Freunden kein Leid an.«
HAL FOSTER
»Alles, was du hier siehst, ist von Menschen deiner Art verstoßen worden. Schone die Armen, und du magst deines Weges ziehen. Ich habe dieses Tal zur Zuflucht für alle gemacht, die draußen nur Hohn und Spott ernteten. Gehe – aber wahre unser Geheimnis.«
176 6-23-40
AMURATH
THAGNAR
LAUNCELOT
SIR GAWAIN
PRINCE VALIANT
KING ARTHUR
QUEEN GUINEVERE
WISE MERLIN
MORGAN LE FEY
RAMUD

Prinz Eisenherz
KÄMPFT GEGEN DIE HUNNEN
von HAROLD FOSTER
1.
2.
»Zuerst war ich ein Kind wie andere auch. Dann begann ich zu wachsen . . . immer weiter . . .«
3.
»Schon als Knabe wurde ich so groß, daß mich meine Eltern nicht mehr ernähren konnten.«
4.
»Meine ungeschlachte Gestalt erregte den Spott aller Kinder. Es war grausam.«
5.
»Verzweifelt verließ ich das Dorf. In der Fremde verbreitete mein Anblick aber nur Schrecken. Man nannte mich ein Ungeheuer.«
6.
»Ich lernte bald, die Furcht der Menschen so auszunutzen, daß sie mir gaben, was ich brauchte.«
7.
»Mancher Ritter, der mich besiegen wollte, mußte den Versuch mit dem Leben bezahlen. Meine Waffe ist furchtbar.«
8.
»Schließlich fand ich dieses Tal und machte daraus eine Heimstatt für alle, die gleich mir so vieles von den Menschen zu erdulden hatten.«
HAL FOSTER
177-6-30-40
World rights reserved.
AMURATH
THAGNAR
LAUNCELOT
SIR GAWAIN
PRINCE VALIANT
KING ARTHUR
QUEEN GUINEVERE
WISE MERLIN
MORGAN LE FEY
RAMUD

Prinz Eisenherz
KÄMPFT GEGEN DIE HUNNEN
von HAROLD FOSTER
»Nun kennst du mein Geheimnis«, sagte der Riese ergeben. »Niemand wird mich ferner noch fürchten und meinen Freunden droht der Hunger.«
»Sei unbesorgt. Ich habe mein Ritterwort verpfändet, daß ich das Land von einem Unhold befreie, aber ich kann es anders halten.«
»Sieh her: Deine Felder sind fruchtbar und deine Herden mehren sich. Öffne das Tor deines Reiches und treibe Handel mit den Nachbarn, dann wird dich jeder achten.«
»Du heißt mich fast Unmögliches zu wagen. Aber sei's drum; ich folge dem Ratschlag.«
Der Riese ruft die Sklaven zusammen: »Ihr seid alle frei und könnt gehen. Wer aber bleiben mag, dem gebe ich künftig gerechten Lohn.«
Das Tor geht auf, und die Sklaven stürzen jubelnd in die so heiß ersehnte Freiheit.
HAL FOSTER
»Da gehen sie. Wer soll jetzt das Feld bebauen? Wer die Herden hüten? Keiner arbeitet freiwillig für ein Ungeheuer, wie ich es bin.«
»Niemand schätzt, was er besitzt. Wenn sie die neugewonnene Freiheit erst einmal genossen haben, werden sie gerne zurückkehren. Schau her, die ersten kommen schon wieder.«
Eisenherz reitet auf einem Arbeitspferd zu seinen Freunden zurück ... Die unglücklichen Sklaven von gestern werden morgen zufriedene Arbeiter sein. Und das alles nur wegen eines Tores, das nicht mehr geschlossen ist.
AMURATH
THAGNAR
LAUNCELOT
SIR GAWAIN
PRINCE VALIANT
KING ARTHUR
QUEEN GUENEVERE
WISE MERLIN
MORGAN LE FEY
RAMUD

Prinz Eisenherz
KÄMPFT GEGEN DIE HUNNEN
von HAROLD FOSTER
»Der Riese bietet guten Lohn für Landarbeiter. Er will auch Handel mit seinen Nachbarn treiben. Seid gut zu ihm, so wird ihn künftig nie wieder jemand zu fürchten brauchen.«
»Diese Frage ist also gelöst. Wenn Gawains rückwärtige Verhältnisse ein Weiterreiten erlauben, so steht dem nichts im Weg.«
Gawain legt ein weiches Kissen auf den Sattel und steigt ächzend zu Pferd. Die Reise nach Rom kann nun endlich fortgesetzt werden.
Der Ritt verläuft ruhig, bis sie in die Nähe der blauen Adria gelangen. Dort begegnen sie einem Zug reisender Händler, die sich ratlos und ängstlich hinter einem Hügel ducken.
»Wir fürchten uns weiterzuziehen, da vorne steht ein hunnischer Wächter, und die übrigen Räuber werden wohl auch nicht weit sein.«
»Wir können den Posten am Tag nur durch einen Pfeilschuß beseitigen. Aber wer von uns dreien kann auf solche Entfernung treffen?«
Schließlich wagen sie den Schuß gemeinsam. Auf ein leises Zeichen des Prinzen hin schwirren die drei Pfeile von den Sehnen.
So hart das für den getroffenen Posten ist, so konnte es von den dreien aus Gründen der eigenen Sicherheit doch nicht vermieden werden.
Was die Kaufleute vermutet hatten, trifft zu: Jenseits des Hügels lagert noch eine Schar versprengter Hunnen, die nach der Vernichtung der Hauptmacht als Wegelagerer umherziehen.
HAL FOSTER
AMURATH
THAGNAR
LAUNCELOT
SIR GAWAIN
PRINCE VALIANT
KING ARTHUR
QUEEN GUINEVERE
WISE MERLIN
MORGAN LE FEY
RAMUD

Prinz Eisenherz
KÄMPFT GEGEN DIE HUNNEN
von HAROLD FOSTER
Die Wegelagerer räkeln sich träge am Feuer, während ihre Pferde in einiger Entfernung grasen. Von einem anderen Hügel aus beobachten zwei weitere Posten die Gegend.
Um die Hunnen nicht argwöhnisch zu machen, stellt sich einer der Kaufleute auf den Platz des vorher überwältigten Postens.
»Hunnen, immer wieder Hunnen«, ruft Eisenherz. »Muß ich mich denn mein ganzes Leben lang mit diesem Volk herumschlagen? Ich habe das satt, Freunde, furchtbar satt!«
»Nun, edler Prinz, wie denkst du über einen guten Plan, der uns wenigstens für dieses Mal einer besonderen Mühe enthebt?«
»Prächtig! Ich habe sogar schon einen. Wir lassen die ganze Gesellschaft durch ihre eigenen Pferde vertreiben. Das geht.«
Die Ritter suchen Reisig zusammen und machen Fackeln daraus. Dann nähern sie sich auf Umwegen den weidenden Rossen der Hunnen.
HAL FOSTER
Mit lodernden Fackeln, mit geschwungenen Mänteln und wilden Schreien scheuchen sie in der Nacht die Pferde auf. Die wilde Jagd bricht los, und die Hunnen werden überrannt.
180 7-21-40
AMURATH
THAGNAR
LAUNCELOT
SIR GAWAIN
PRINCE VALIANT
KING ARTHUR
QUEEN GUINEVERE
WISE MERLIN
MORGAN LE FEY
RAMUD

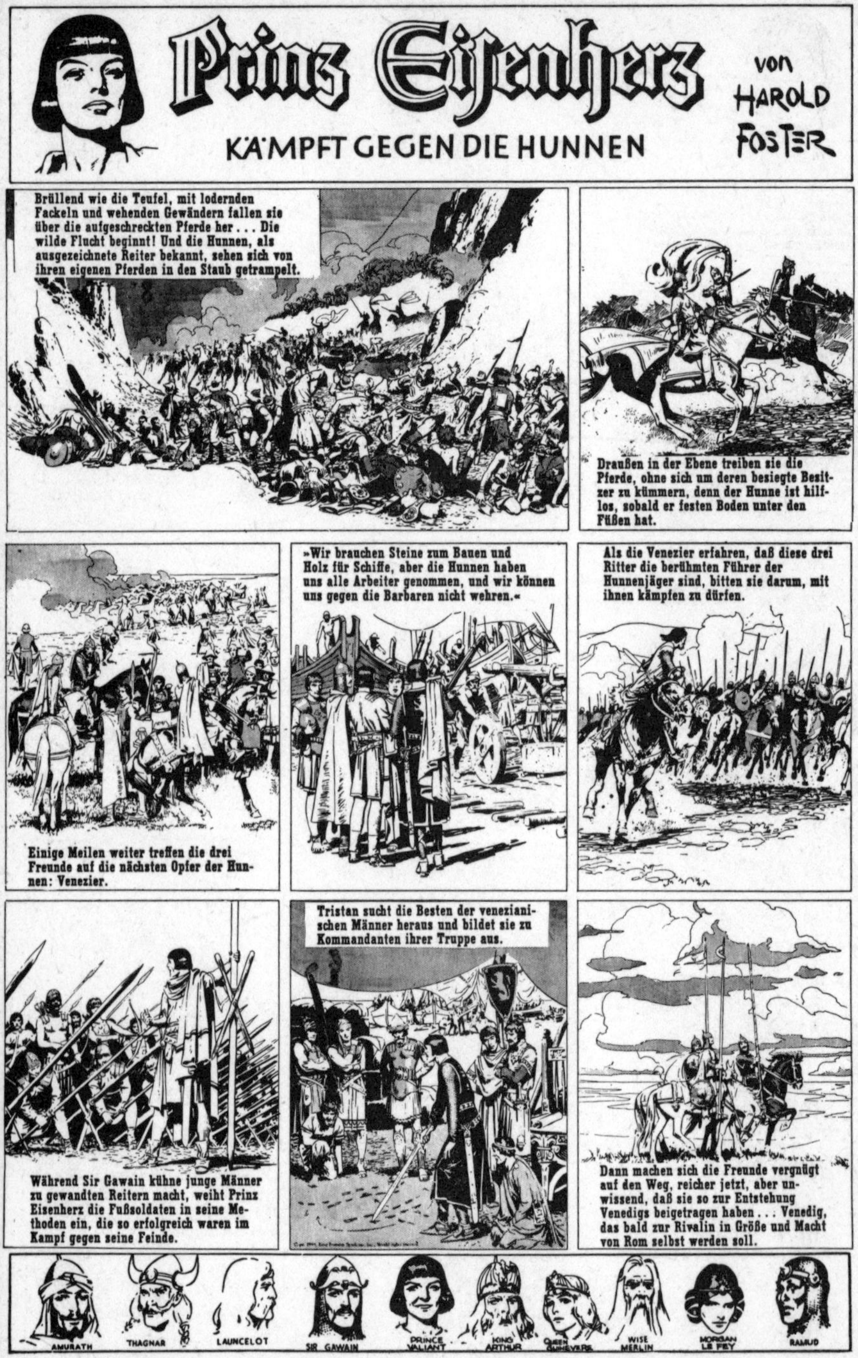
Prinz Eisenherz
KÄMPFT GEGEN DIE HUNNEN
von HAROLD FOSTER
Brüllend wie die Teufel, mit lodernden Fackeln und wehenden Gewändern fallen sie über die aufgeschreckten Pferde her . . . Die wilde Flucht beginnt! Und die Hunnen, als ausgezeichnete Reiter bekannt, sehen sich von ihren eigenen Pferden in den Staub getrampelt.
Draußen in der Ebene treiben sie die Pferde, ohne sich um deren besiegte Besitzer zu kümmern, denn der Hunne ist hilflos, sobald er festen Boden unter den Füßen hat.
Einige Meilen weiter treffen die drei Freunde auf die nächsten Opfer der Hunnen: Venezier.
»Wir brauchen Steine zum Bauen und Holz für Schiffe, aber die Hunnen haben uns alle Arbeiter genommen, und wir können uns gegen die Barbaren nicht wehren.«
Als die Venezier erfahren, daß diese drei Ritter die berühmten Führer der Hunnenjäger sind, bitten sie darum, mit ihnen kämpfen zu dürfen.
Während Sir Gawain kühne junge Männer zu gewandten Reitern macht, weiht Prinz Eisenherz die Fußsoldaten in seine Methoden ein, die so erfolgreich waren im Kampf gegen seine Feinde.
Tristan sucht die Besten der venezianischen Männer heraus und bildet sie zu Kommandanten ihrer Truppe aus.
Dann machen sich die Freunde vergnügt auf den Weg, reicher jetzt, aber unwissend, daß sie so zur Entstehung Venedigs beigetragen haben . . . Venedig, das bald zur Rivalin in Größe und Macht von Rom selbst werden soll.
AMURATH
THAGNAR
LAUNCELOT
SIR GAWAIN
PRINCE VALIANT
KING ARTHUR
QUEEN GUINEVERE
WISE MERLIN
MORGAN LE FEY
RAMUD

Prinz Eisenherz
KÄMPFT GEGEN DIE HUNNEN
von HAROLD FOSTER
Zunächst erreichen die Freunde Padua und finden dort zwischen bröckelnden Marmorpalästen eine allmählich verarmende Bevölkerung.
Immerhin können sie Lebensmittel kaufen und einige Knechte finden. Gut ausgerüstet ziehen sie auf brüchigen Straßen weiter.
In der Po-Ebene beobachten sie große Vogelzüge, die in die Schilfdickichte an den Ufern einfallen.
Enten und Gänse, Schnepfen und Regenpfeifer verraten, daß es in der nordischen Heimat Winter wird. Eisenherz und seine Freunde beschließen, einige Tage zu jagen.
Die Hunnenkämpfe liegen hinter den Rittern, und das Erlebnis Roms steht vor ihnen. Inzwischen genießen sie die schönen Ruhetage.
Bald heißt es freilich weiterziehen. Die nächste große Stadt ist Ravenna, deren weiße Türme in der Abendsonne leuchten.
Im Schatten des Stadttores finden sie einen Mann, der orientalische Kleider trägt.
182 8-4-40
AMURATH
THAGNAR
LAUNCELOT
SIR GAWAIN
PRINCE VALIANT
KING ARTHUR
WISE MERLIN
MORGAN LE FEY
RAMUD

Prinz Eisenherz
KÄMPFT GEGEN DIE HUNNEN
von HAROLD FOSTER
Als sie zum Stadttor hineinritten, begegneten sie einer gebückten Gestalt in orientalischen Kleidern, die sie neugierig ansah.
Ravenna, die schöne im Sonnenlicht glänzende Stadt! Niemals zuvor haben die nordischen Ritter solche Häuser gesehen.
Eine Woche lang bewundern sie die Stadt. Eisenherz faszinieren die Bibliotheken.
Nachts amüsierten sie sich bei kostspieliger römischer Unterhaltung.
Fröhlich ritt Gawain aus, um die Gebräuche des Landes kennenzulernen, was ihm auch gelang.
Tristan fand Abwechslung in ein oder zwei Kämpfen. Alles macht Spaß.
Als sie aufbrechen wollten, erscheint der Orientale: »Noble Herren, ihr seid verpflichtet, das Böse zu bestrafen und die Gerechtigkeit zu unterstützen. Ich bin beraubt worden! Darf ich um Ihren Schutz bitten?«
HAL FOSTER
AMURATH
THAGNAR
LAUNCELOT
SIR GAWAIN
PRINCE VALIANT
KING ARTHUR
QUEEN GUINEVERE
WISE MERLIN
MORGAN LE FEY
RAMUD

Prinz Eisenherz
von HAROLD FOSTER
KÄMPFT GEGEN DIE HUNNEN
»Treulose Diener haben mich beraubt; sie lauern in der Wildnis, um mir auch den Rest zu nehmen.«
»Wir sind immer bereit, gegen das Unrecht zu kämpfen«, sagt Tristan. »Aber wir schlagen dir den Kopf ab, wenn du uns betrügst. Bedenke das . . . und geh voran.«
»Schaut!« ruft der Händler schon nach kurzem Ritt. »Dort verbirgt sich einer vor uns; ehrliche Leute haben das nicht notwendig.«
Eisenherz schleicht durchs Gebüsch. Verdächtige Gestalten fliehen in den nahen Sumpf.
Der Prinz bindet sich zwei leichte Lederschilde unter die Füße.
So ausgerüstet kann er die fliehenden Diebe gefahrlos aus dem Sumpf heraustreiben
Gawain achtet indessen darauf, daß seinem geliebten Prinzen nicht ein Leid angetan werden kann.
Der Kaufmann dankt den Göttern seiner fernen Heimat mit hochgehobenen Händen für die von ihnen gesandte Hilfe in der Not.
HAL FOSTER
Die Bestrafung der Räuber wird den blutdürstigen Stechfliegen überlassen, die einer schwirrenden Wolke gleich über dem Sumpf tanzen.
AMURATH
THAGNAR
LAUNCELOT
SIR GAWAIN
PRINCE VALIANT
KING ARTHUR
QUEEN GUINEVERE
WISE MERLIN
MORGAN LE FEY
RAMUD

Prinz Eisenherz
KÄMPFT GEGEN DIE HUNNEN
von HAROLD FOSTER
»Nach dem Gesetz des Landes verlieren Diebe ihre rechte Hand«, sagt Tristan, »aber der Tag ist zu schön zum Blutvergießen. Die Moskitos wollen doch auch gut leben.«
Der Tag ist wirklich so schön, daß die Freunde beim Weiterreiten fröhlich singen müssen.
An einer zerfallenen Brücke liest Eisenherz die verwitterte Inschrift: »Fluß Rubikon.«
»Hier, wo ich jetzt stehe, da hat auch Cäsar einmal gestanden. Er überschritt den Rubikon und eroberte Rom. Auch wir wollen nach Rom ziehen. Möge unser Einzug friedlicher sein.«
»Hinüber also«, sagt Gawain. »Wenn nicht Rom, so werden wir doch vielleicht ein zärtliches Herz erobern.« – »Schwerenöter«, meint Tristan, »passen nicht in unsere Gesellschaft.«
Der Kaufmann scheut den Weg durch den Fluß, er fürchtet für seine kostbaren Kleider.
Um mitzukommen, treibt er seinen Esel auf die nachlässig geflickte Bogenbrücke.
HAL FOSTER
Die morschen Balken brechen durch. Der Esel und sein Reiter stürzen in den Fluß.
AMURATH
THAGNAR
LAUNCELOT
SIR GAWAIN
PRINCE VALIANT
KING ARTHUR
QUEEN GUINEVERE
WISE MERLIN
MORGAN LE FEY
RAMUD

Prinz Eisenherz
KÄMPFT GEGEN DIE HUNNEN
von HAROLD FOSTER
Das Unglück vollzieht sich so schnell, daß Menschenaugen kaum folgen können.
Hilflos versinkt der Händler zwischen den Trümmern. Eisenherz muß ihn retten.
Unter der Brücke ist der Fluß besonders tief. Der Prinz stochert mit seiner Lanze in dem Gewirre, bis er den Kaufmann findet.
Mit seiner schweren Rüstung kommt Eisenherz bei diesem Rettungswerk selber in Gefahr.
Schließlich gelingt die Rettung aber doch.
Der Händler ist bewußtlos, aber Eisenherz weiß auch in solchen Fällen Rat; er macht mit dem Verunglückten so lange Atemübungen, bis das Leben in den Körper zurückkehrt.
Der Wiedererweckte nimmt drei herrliche Diamanten aus seinem Lederbeutel. »Für jeden von euch ein Stein«, sagt er, aber seinem Gesicht ist leicht anzusehen, daß er sich nur schweren Herzens von den Steinen trennt.
»Euch aber, edler Prinz, soll fortan diese Zauberkette schmücken. Wer sie trägt, kann von keinem Feind in Ketten gelegt werden.«
HAL FOSTER
»Mein starker Arm und das ›Singende Schwert‹ werden mich vor solchen Übeln bewahren«, lächelt Eisenherz, denn er weiß in diesem Augneblick noch nicht, was ihm die Zukunft bringt.
AMURATH
THAGNAR
LAUNCELOT
SIR GAWAIN
PRINCE VALIANT
KING ARTHUR
QUEEN GUINEVERE
WISE MERLIN
MORGAN LE FEY
RAMUD

Prinz Eisenherz
KÄMPFT GEGEN DIE HUNNEN
von HAROLD FOSTER
»Das klingt ja recht geheimnisvoll«, meint Eisenherz. »Ich werde aber doch besser auf die Schärfe meines Schwertes, auf die Stärke meines Armes und auf meine Augen vertrauen.«
In der nächsten großen Stadt verabschiedet sich der Edelsteinhändler von den Rittern.
Die Freunde sitzen in einer Taverne beim kühlen Trunk. Plötzlich erhebt sich draußen ein Geschrei: »Aetius kommt! Aetius kommt!«
Der Marschtritt von Soldaten hallt durch die Straßen. Aetius, der römische Feldherr, kehrt siegreich aus einem Feldzug zurück.
Aetius, der letzte große Heerführer Roms, ist Held vieler Schlachten und hat doch große Sorgen. Noch einmal hat er einen Feldzug gewonnen, aber er weiß, wie krank das Römerreich in seinem Inneren ist.
Die drei Ritter besuchen den siegreichen Feldherrn, und alle werden gute Freunde.
Auf dem gemeinsamen Weitermarsch nach Rom hören die Legionäre ihren Feldherrn nach langer Zeit wieder fröhlich lachen.
HAL FOSTER
Am Abend erreichen sie Rom. Die Marmorstadt breitet sich in der Abendsonne wie ein schimmernder Mantel über ihre sieben Hügel.
AMURATH
THAGNAR
LAUNCELOT
SIR GAWAIN
PRINCE VALIANT
KING ARTHUR
QUEEN GUINEVERE
WISE MERLIN
MORGAN LE FEY
RAMUD

Prinz Eisenherz
KÄMPFT GEGEN DIE HUNNEN
von HAROLD FOSTER
An der Tiberbrücke trennen sich die Ritter von Aetius, der einen Triumphzug vorbereitet.
Rom hat lange nicht mehr gesiegt und empfängt seinen Helden mit brausendem Jubel.
Kaiser Valentinian sitzt krank vor Neid in seinem Palast. Das Volk haßt ihn, er hat keinen Freund, und der Ruhm des heimgekehrten Feldherrn läßt ihn an Meuchelmord denken.
Die Ritter finden ein angenehmes Quartier inmitten der Stadt. Eisenherz wird eitel und läßt sich nach der neuesten Mode kleiden.
Tristan vergnügt sich mit den jungen Edelleuten der Palastwache bei kriegerischen Spielen, in denen die Römer damals Meister waren.
Der schwärmerische Gawain dagegen verliebt sich in ein dunkles Augenpaar, das ihm aus einer prunkvollen Sänfte entgegenlacht.
Kaiser Valentinian brütet indessen in seinem herrlichen Garten über einer finsteren Tat, die Roms Schicksal rasch besiegeln soll.
188 9-15-40
HAL FOSTER
AMURATH
THAGNAR
LAUNCELOT
SIR GAWAIN
PRINCE VALIANT
KING ARTHUR
WISE MERLIN
MORGAN LE FEY
RAMUD

Prinz Eisenherz
von Harold Foster
KÄMPFT GEGEN DIE HUNNEN
Der Kaiser beschließt, den einzigen Menschen ermorden zu lassen, der Rom vielleicht doch noch vor dem Verfall bewahrt hätte.
Inzwischen folgt Gawain der von acht Sklaven getragenen Sänfte, aus der ihm ein dunkles Augenpaar so freundlich zugelacht hatte.
Die Sänfte ist verschwunden. Gawain erwartet, daß ihm von oben bald ein weißes Händchen zuwinken werde. Er behält recht.
Abends, da der Mond am Himmel steht, kehrt Gawain in des Prinzen Mantel wieder und spricht mit seiner Schönen durchs Fenster.
Leider beobachtet ihn dabei des Mädchens Vater, ein römischer Machthaber, dem die Zudringlichkeit des Fremden sehr mißfällt.
»Ich muß wissen, wem der weiße Mantel mit dem Purpurstreifen gehört. Folge ihm!«
Anderntags taucht der weiße Mantel wieder auf, aber jetzt trägt ihn Eisenherz selber.
»So–o–o, das Prinzchen klettert an meinem Haus hinauf wie ein Affe und ohne mich zu fragen. Das wollen wir ihm aber gründlich versalzen.«
HAL FOSTER
Zur gleichen Stunde ziehen des Kaisers Schergen aus, um den Feldherrn Aetius zu ermorden.
AMURATH
THAGNAR
LAUNCELOT
SIR GAWAIN
PRINCE VALIANT
KING ARTHUR
QUEEN GUINEVERE
WISE MERLIN
MORGAN LE FEY
RAMUD

Prinz Eisenherz
KÄMPFT GEGEN DIE HUNNEN
von HAROLD FOSTER
Aetius schreitet bedrückt durch die Dämmerung. Was nützen all seine kriegerischen Erfolge unter diesem Kaiser?
Eisenherz und Tristan sind zur gleichen Zeit, nach einem Gang durch Rom, auf dem Weg zu ihrer Wohnung.
Gawain will seinem Römermädchen ein Ständchen bringen. Dieses Mal trägt er aber den eigenen Mantel.
Der eifersüchtige Valentinian weiß seine Mörder auf der Spur des Aetius und vergißt darüber ganz das Schicksal seines Reiches.
Der Vater von Gawains Mädchen ist in böser Absicht hinter dem weißen Mantel her.
Gawain übt sich inzwischen wieder ungestört im Klettern und ahnt nichts von dem sich zusammenbrauenden Unheil.
Der Ritter singt ein verwegenes Reiterlied mit schmelzender Stimme in seiner Muttersprache. Da seine Angebetete die Worte nicht versteht, gibt er es für ein Liebeslied aus. Das macht sie beide so glücklich.
Im gleichen Augenblick erreicht des Mädchens Vater den Mann im weißen Mantel.
HAL FOSTER
Eisenherz und Tristan wehren sich wacker. Aetius, der zufällig des Weges kommt, greift helfend zum Schwert. Aber auch hinter ihm sind schon die Mörder her.
AMURATH
THAGNAR
LAUNCELOT
SIR GAWAIN
PRINCE VALIANT
KING ARTHUR
QUEEN GUINEVERE
WISE MERLIN
MORGAN LE FEY
RAMUD

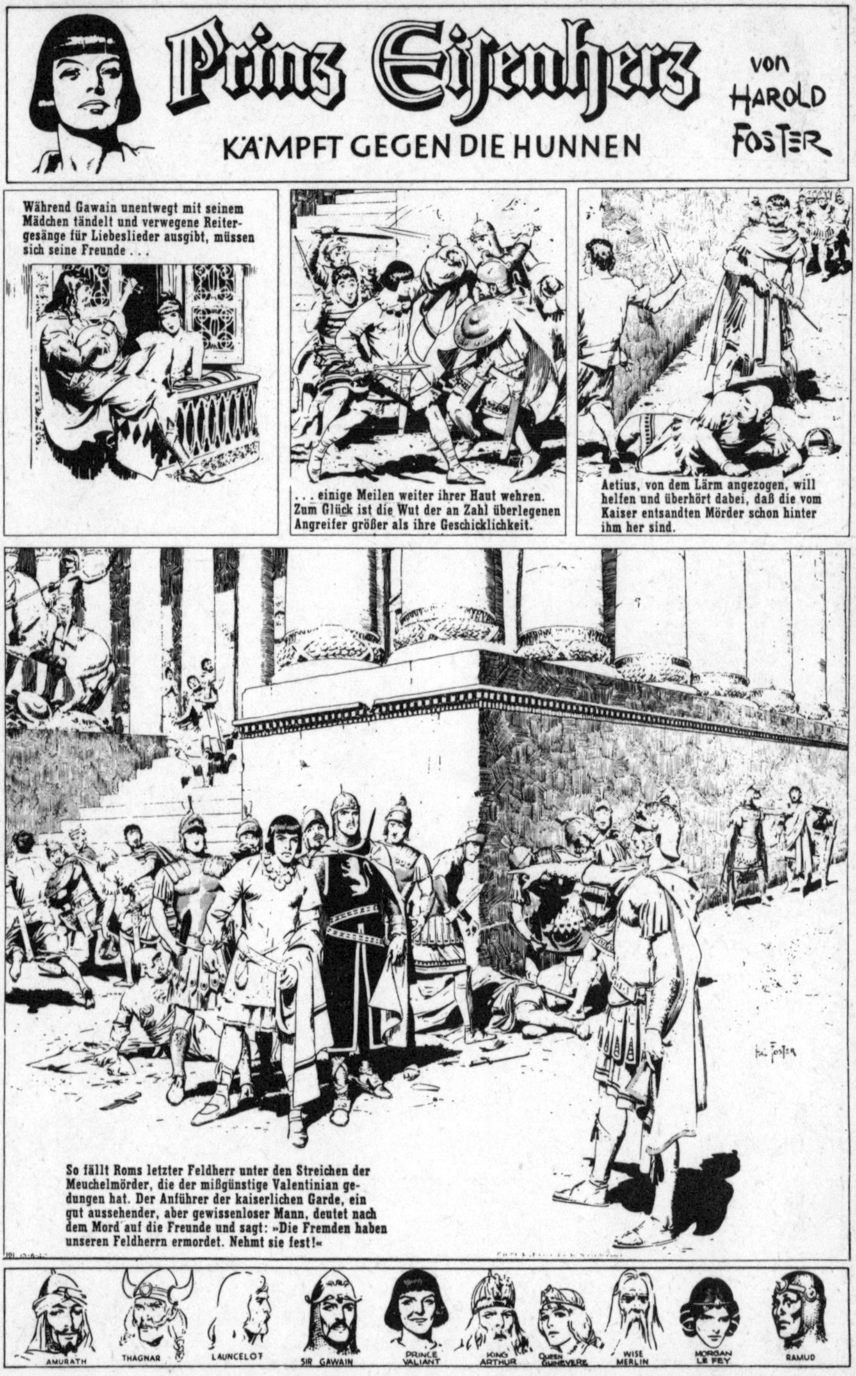
Prinz Eisenherz
KÄMPFT GEGEN DIE HUNNEN
von HAROLD FOSTER
Während Gawain unentwegt mit seinem Mädchen tändelt und verwegene Reitergesänge für Liebeslieder ausgibt, müssen sich seine Freunde . . .
. . . einige Meilen weiter ihrer Haut wehren. Zum Glück ist die Wut der an Zahl überlegenen Angreifer größer als ihre Geschicklichkeit.
Aetius, von dem Lärm angezogen, will helfen und überhört dabei, daß die vom Kaiser entsandten Mörder schon hinter ihm her sind.
HAL FOSTER
So fällt Roms letzter Feldherr unter den Streichen der Meuchelmörder, die der mißgünstige Valentinian gedungen hat. Der Anführer der kaiserlichen Garde, ein gut aussehender, aber gewissenloser Mann, deutet nach dem Mord auf die Freunde und sagt: »Die Fremden haben unseren Feldherrn ermordet. Nehmt sie fest!«
AMURATH
THAGNAR
LAUNCELOT
SIR GAWAIN
PRINCE VALIANT
KING ARTHUR
QUEEN GUINEVERE
WISE MERLIN
MORGAN LE FEY
RAMUD

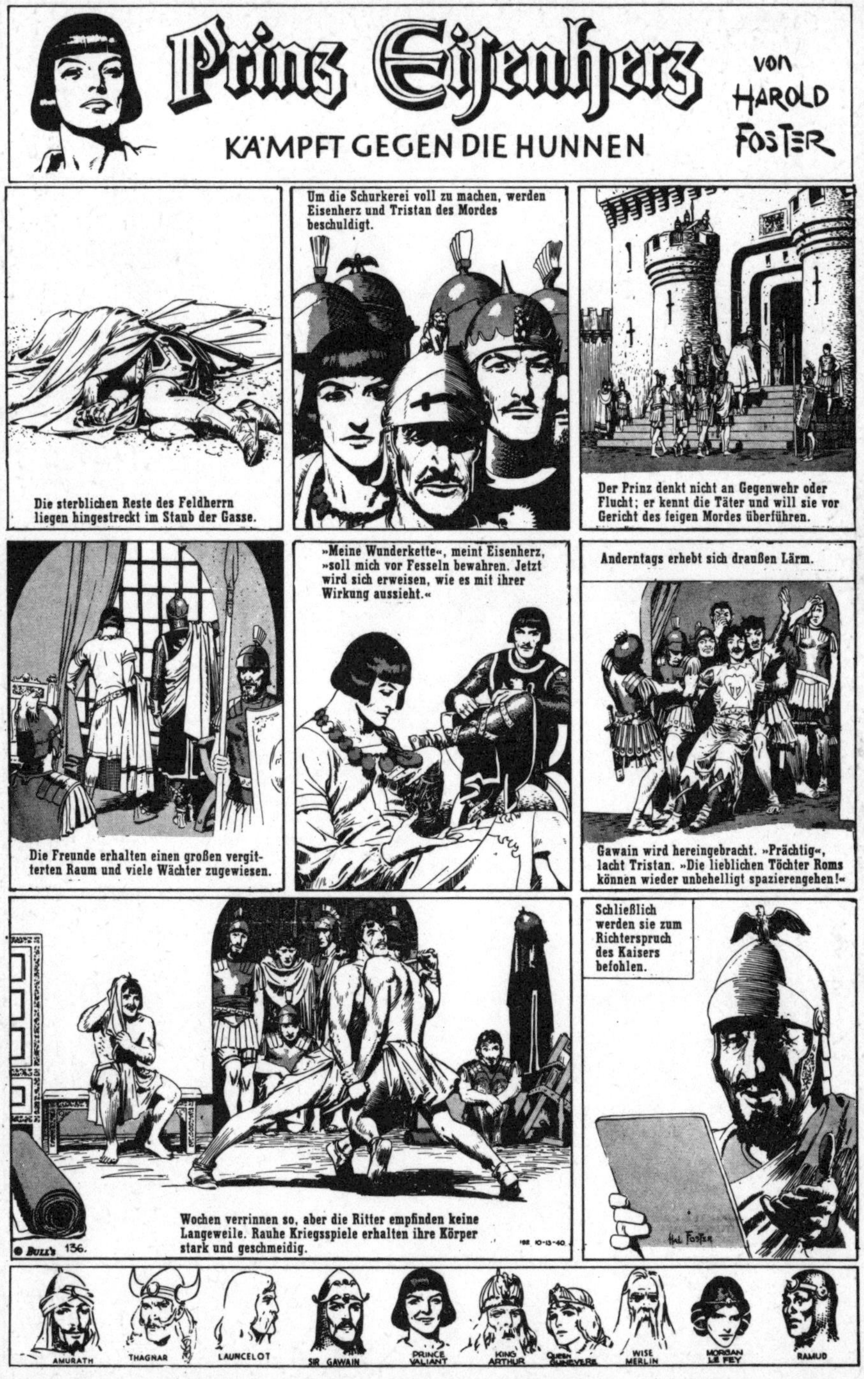
Prinz Eisenherz
KÄMPFT GEGEN DIE HUNNEN
von HAROLD FOSTER
Die sterblichen Reste des Feldherrn liegen hingestreckt im Staub der Gasse.
Um die Schurkerei voll zu machen, werden Eisenherz und Tristan des Mordes beschuldigt.
Der Prinz denkt nicht an Gegenwehr oder Flucht; er kennt die Täter und will sie vor Gericht des feigen Mordes überführen.
Die Freunde erhalten einen großen vergitterten Raum und viele Wächter zugewiesen.
»Meine Wunderkette«, meint Eisenherz, »soll mich vor Fesseln bewahren. Jetzt wird sich erweisen, wie es mit ihrer Wirkung aussieht.«
Anderntags erhebt sich draußen Lärm.
Gawain wird hereingebracht. »Prächtig«, lacht Tristan. »Die lieblichen Töchter Roms können wieder unbehelligt spazierengehen!«
© BULL'S 136.
Wochen verrinnen so, aber die Ritter empfinden keine Langeweile. Rauhe Kriegsspiele erhalten ihre Körper stark und geschmeidig.
198 10-13-40
Schließlich werden sie zum Richterspruch des Kaisers befohlen.
HAL FOSTER
AMURATH
THAGNAR
LAUNCELOT
SIR GAWAIN
PRINCE VALIANT
KING ARTHUR
QUEEN GUINEVERE
WISE MERLIN
MORGAN LE FEY
RAMUD

Prinz Eisenherz
KÄMPFT GEGEN DIE HUNNEN
von HAROLD FOSTER
Nach wochenlangem Warten werden sie vom Kaiser vor Gericht geladen.
»Traut der Gerechtigkeit des Kaisers nicht«, flüstert Eisenherz. »Aber die Gelegenheit zu fliehen, wird kommen!«
Wie eine giftige Kröte sitzt der Kaiser in seinem Thron und blickt rachsüchtig auf seine Opfer.
Valentinian spricht zu seinen devoten Höflingen: »Unsere Untergebenen revoltieren in England und wollen keinen Tribut zahlen. Sie schicken sogar Leute, um unseren General zu töten. Zur Abschreckung führen wir eine öffentliche Exekution durch.«
Der Kaiser blickte auf und sah dem Tod in die haßerfüllten Augen. In einer Ecke fand man den toten Körper des Herrschers.
Die Freunde, zahlreich und mächtig, wählten diese besondere Stunde, um ein großes Unrecht mit Unrecht zu vergelten.
HAL FOSTER
193 10-20-40
AMURATH
THAGNAR
LAUNCELOT
SIR GAWAIN
PRINCE VALIANT
KING ARTHUR
QUEEN GUINEVERE
WISE MERLIN
MORGAN LE FEY
RAMUD

Prinz Eisenherz
KÄMPFT GEGEN DIE HUNNEN
von HAROLD FOSTER
»Man wird uns auch dieses Mordes bezichtigen«, flüstert Eisenherz. Die Freunde benützen den entstandenen Tumult und fliehen.
Sie erreichen ungestört ihre Wohnung.
Die Knechte und die Waffen sind noch da. Rasch wird gepackt.
Noch ehe sich die Kunde von des Kaisers überraschendem Tod verbreiten konnte, durchreitet die kleine Schar das bewachte Stadttor.
Beim Zurückblicken entdeckt Tristan, daß die Verfolger nun doch schon in hellen Scharen hinter ihnen her sind. Guter Rat ist teuer.
»Wollen wir sie stellen und ihre Ohren zurückschicken?« – »Nicht sogleich«, entscheidet der Prinz. »Allzu viele könnten folgen.«
»Das ist das erstemal, daß mein Pferd den Feind hinter sich hört«, brummt Tristan. »Was mag es bloß von seinem Herrn denken?«
Eine schmale Brücke gibt den Rittern endlich Gelegenheit, sich der Übermacht zu stellen. Die Verfolger sehen sich schon als Sieger.
HAL FOSTER
AMURATH
THAGNAR
LAUNCELOT
SIR GAWAIN
PRINCE VALIANT
KING ARTHUR
QUEEN GUINEVERE
WISE MERLIN
MORGAN LE FEY
RAMUD

Prinz Eisenherz
KÄMPFT GEGEN DIE HUNNEN
von HAROLD FOSTER
Auf einer schmalen Steinbrücke erwarten die Freunde die zahlenmäßig überlegenen Gegner.
Die Söldner glauben an leichten Sieg. Statt dessen rennen sie auf einen Wall von Speerspitzen, den sie nicht durchbrechen können.
Tristans Schlachtruf übertönt den Waffenlärm: Vor seinem gewaltigen Schwertschlag schützen weder Helm noch Schild noch Gegenwehr.
Gawain reizt die Söldner durch derbe Späße, und seine Schläge fallen hageldicht. Er kann nicht nur singen, sondern auch fechten.
Eisenherz lacht grimmig durch die Zähne. Er schlägt nicht oft, aber nach jedem Schlag steht ein Gegner weniger auf der Brücke.
Die Römer suchen ihr Heil in der Flucht; sie sehen ein, daß sie den nordischen Recken auch in der Überzahl nicht gewachsen sind.
»Dieser Sieg macht uns ganz Rom zum Feind. Wir müssen uns einzeln durchschlagen. Jeder in einer anderen Richtung. Rom liegt westlich.« – »Ich gehe nach Osten ans Meer«, sagt Gawain. »Eine Seereise wird guttun.« – »Genau nach Norden, wie die Schwalbe fliegt, ist meine Wahl«, entscheidet sich Tristan. »Gut, dann bleibt mir selber der Süden.«
HAL FOSTER
Die Freunde umarmen sich . . . Vielleicht zum letztenmal. Tränen rinnen ihnen über die Wangen, und sie schämen sich der Rührung nicht.
AMURATH
THAGNAR
LAUNCELOT
SIR GAWAIN
PRINCE VALIANT
KING ARTHUR
QUEEN GUINEVERE
WISE MERLIN
MORGAN LE FEY
RAMUD

Prinz Eisenherz
von HAROLD FOSTER
KÄMPFT GEGEN DIE HUNNEN
Tristan wählt den direkten Weg nach Norden, Gawain wendet sich nach Westen und Prinz Eisenherz nach Süden. »Mein Glück wird uns an König Arthurs Hof wieder zusammenführen.«
Und nun die Geschichte von Tristans verwegenem Ritt. Der Tiber liegt im Norden und die einzige Brücke ist in Rom.
So reitet Tristan zurück nach Rom.
Die übriggebliebenen Söldner hören ihn kommen und treten zur Seite, denn sie haben genug von diesem ungestümen nordischen Ritter.
Tristan aber lacht den kommenden Gefahren ins Gesicht. Nur einmal hat er eine befestigte Stadt bei Nacht betreten und hat ganz alleine den König der Stadt zurückgebracht.
Nach kaum einer Stunde reitet Tristan in die Stadt ein. Kein Zeichen von Aufregung. Der Tod des Imperators ist also noch nicht bekannt.
Durch Seitenstraßen und Gassen bahnt er sich vorsichtig seinen Weg durch die große Stadt.
Er findet die Brücke nicht einen Moment zu spät, denn hinter ihm beginnen die Glocken zu läuten, wütendes Geschrei ertönt und laute Schritte nähern sich.
Tristan wollte sich tagsüber verstecken und bei Nacht heimlich weiterreiten. Aber zu seiner großen Überraschung hat jeder, der verdächtigt wurde, den Imperator ermordet zu haben, viele Freunde und ist bald außer Gefahr.
HAL FOSTER
Und so reitet der wackere Tristan aus unserer Geschichte und folgt seinem Herzen zurück zu Isolde nach England.
AMURATH
THAGNAR
LAUNCELOT
SIR GAWAIN
PRINCE VALIANT
KING ARTHUR
QUEEN GUINEVERE
WISE MERLIN
MORGAN LE FEY
RAMUD

Prinz Eisenherz
KÄMPFT GEGEN DIE HUNNEN
von HAROLD FOSTER
Und westwärts gen Meer reitet Gawain, singend, denn mehr als ein Zeichen von Gefahr liegt in der Luft, und Gefahr ist Wein für sein fröhliches Herz.
Nach schnellem Ritt gelangt er in die Hafenstadt Ostia. Schon senden die Signaltürme entlang der Straße von Ostia die Nachricht, die seinen Tod bedeutet, wenn er nicht eilt.
Sorglos reitet er den überfüllten Kai entlang, mit schnellem Auge nach einem ausfahrenden Schiff Ausschau haltend.
Er sieht ein Schiff, das schon am Auslaufen ist, und kommt an Bord, wie Sir Gawain es fertigbringt.
Er bietet einen angemessenen Betrag für die Überfahrt nach Massilia (Marseille). Aber der Kapitän wittert eine Chance und sagt: »Nein, wir fahren nach Korsika.« Sir Gawain lächelt und sagt: »Massilia!«
Der Kapitän verlangt das Dreifache des Angebots, er täuscht eine Wendung vor, er droht Gawain, ihn dem römischen Gouverneur in Korsika auszuliefern. Aber Sir Gawain lächelt nur und sagt: »Massilia!«
Vorsichtig schärft Gawain sein glänzendes Schwert. »Massilia!« sagt er, noch immer lächelnd. Als der Kapitän die funkelnden Augen und strahlend weißen Zähne sieht, erinnert er sich plötzlich an einen Tiger, den er einmal sah. Sie segeln nach »Massilia«.
Die Hufschläge verlieren sich in der Ferne, als seine zwei Kameraden davonreiten und mit ihnen alles, was tapfer und fröhlich ist. Zurück bleibt ein einsamer Junge mit einem Klumpen im Hals. Aber er schluckt kräftig, hebt das Kinn und ist wieder Prinz Eisenherz.
AMURATH
THAGNAR
LAUNCELOT
SIR GAWAIN
PRINCE VALIANT
KING ARTHUR
QUEEN GUINEVERE
WISE MERLIN
MORGAN LE FEY
RAMUD

Prinz Eisenherz
KÄMPFT GEGEN DIE HUNNEN
von HAROLD FOSTER
Bald darauf hört Eisenherz hinter sich ein Rufen. Es kommt von seinem schwarzbärtigen Knecht Boldoro, der bei ihm bleiben will.
Alle anderen Diener sind während des letzten Kampfes geflohen und haben sogar die Packpferde mitgenommen. Boldoro ist ein kühner, aber auch etwas verschlagener Bursche.
Sie folgen dem Laufe eines Flusses und erreichen schließlich die berühmte Appische Straße, die geradenwegs nach Neapel führt.
Zwei Tage lang können sie ungehindert dahinreiten. Am dritten Tage entdeckt Boldoro jedoch, daß die Wachtürme an der Straße recht verdächtige Lichtzeichen weitergeben.
Am nächsten Turm ist die Straße gesperrt. Eisenherz wendet sich querfeldein den Bergen zu und beschließt, nur noch nachts zu reiten.
Der Feuerschein des Vesuvs zeigt ihnen den Weg nach Süden; aber die Verfolger sind selber auch in der Dunkelheit unterwegs.
Der Morgen überrascht den Prinzen in einer Gegend, die kein Versteck zu bieten hat. Eisenherz sieht Neapel am Fuß des Vesuvs liegen und entdeckt zugleich auch die Verfolger.
Nun heißt es eilen; denn die römische Kavallerie ist schnell.
HAL FOSTER
198 11-24-40
AMURATH
THAGNAR
LAUNCELOT
SIR GAWAIN
PRINCE VALIANT
KING ARTHUR
QUEEN GUINEVERE
WISE MERLIN
MORGAN LE FEY
RAMUD

Prinz Eisenherz
KÄMPFT GEGEN DIE HUNNEN
von HAROLD FOSTER
Eisenherz und Boldoro haben ihre müden Verfolger zunächst abgeschüttelt. Bald taucht jedoch eine frische Truppe auf, und nun scheint der Fall hoffnungslos zu werden.
»Reite zu, Boldoro, und wechsle die Pferde recht oft, damit sie frisch bleiben. Erwischen sie dich trotzdem, so wird dir nichts geschehen. Die Jagd gilt ja nur mir!«
Eisenherz beobachtet von seinem Versteck aus die vorbeirasenden Söldner.
Später sieht er die Reiter wenden und zurückkommen. Mit den Pferden können sie ihm aber nicht auf den unwegsamen Vesuv folgen.
Und Boldoro? Er freut sich des vermehrten Besitzes und denkt, daß er nun über alles verfüge, was ein tüchtiger Bursche braucht, um ein erfolgreicher Räuber zu werden.
Die Jagd auf Eisenherz geht indessen weiter. Die Söldner lassen ihre Pferde zurück und schließen ihren bedrohlichen Ring enger.
Bis zum Anbruch der Nacht hat sich Eisenherz schon in den dampfenden, raucherfüllten Krater des Vulkans zurückziehen müssen.
HAL FOSTER
Im Morgengrauen entdeckt er, daß der ganze Kraterrand von einer Postenkette eng besetzt ist.
AMURATH
THAGNAR
LAUNCELOT
SIR GAWAIN
PRINCE VALIANT
KING ARTHUR
QUEEN GUINEVERE
WISE MERLIN
MORGAN LE FEY
RAMUD

Prinz Eisenherz
KÄMPFT GEGEN DIE HUNNEN
von HAROLD FOSTER
Das Morgenlicht enthüllt dem Prinzen den dichten Ring seiner hartnäckigen Verfolger.
Ein Trompetensignal schmettert in die Luft, die Legionäre steigen in den Krater hinein. Kein Ausweg scheint mehr offen.
An einer Stelle des Kratergrundes wogen Rauch und Dampf besonders dicht. In dieser höllischen Welt muß sich Eisenherz bergen.
Aber die Söldner dringen nach. Sie ringen nach Atem und ihre Augen werden fast blind.
HAL FOSTER
Stein schlägt auf Eisen. Ein Mann fällt, und keiner merkt es im Grollen des Vulkans.
Angetan mit Helm und Mantel des Römers, beteiligt sich Eisenherz zum Schein an der Suche und verläßt dabei allmählich die Gefahrenzone. Er ist zwar zu Tode erschöpft, aber immer noch ist ihm keine Rast gegönnt.
200 12-8-40
AMURATH
THAGNAR
LAUNCELOT
SIR GAWAIN
PRINCE VALIANT
KING ARTHUR
QUEEN GUENEVERE
WISE MERLIN
MORGAN LE FEY
RAMUD

Prinz Eisenherz
KÄMPFT GEGEN DIE HUNNEN
von HAROLD FOSTER
Während die Söldner unten immer noch suchen, erreicht der Prinz den Kraterrand.
In der Tiefe leuchtet die Bucht von Neapel wie blauer Saphir. Dort will Eisenherz ein Schiff finden, das ihn übers Meer nimmt.
Er steigt zu Tal und verbirgt sich tagsüber zwischen Reben. Die müden Söldner geben die erfolglose Suche endlich auf.
In der Nacht schleicht sich der durstende Prinz zu einem Bauernbrunnen und genießt in vollen Zügen den ersten Trunk.
Noch ehe der Morgen graut, findet er zwei Fischer, die zum Fang hinausfahren wollen.
Die Fischer weigern sich nicht, den Prinzen zu einem größeren Schiff hinzurudern, zumal ihnen ein guter Lohn versprochen wird.
Im Morgendunst gleitet ein leichter Segler vorüber.
Das Schiff ist für Syrakus auf Sizilien bestimmt. Nach langem Feilschen wird Eisenherz schließlich mitgenommen.
HAL FOSTER
Der Passagier bezahlt mit zwei Goldstücken aus seinem wohlgefüllten Beutel, und es entgeht ihm dabei nicht, wie habgierig die Augen des fremden Schiffers nun funkeln.
AMURATH
THAGNAR
LAUNCELOT
SIR GAWAIN
PRINCE VALIANT
KING ARTHUR
QUEEN GUINEVERE
WISE MERLIN
MORGAN LE FEY
RAMUD

Prinz Eisenherz
von HAROLD FOSTER
KÄMPFT GEGEN DIE HUNNEN
Während der Königssohn aus Thule von seiner Heimat träumt, beobachtet er, wie der Kapitän heimlich zwei seiner Leute ruft.
Aus verwehten Worten und aus den Gebärden der Männer schließt Eisenherz, daß man ihm den goldgefüllten Beutel rauben will.
»Die Nacht wird kühl. Wollt Ihr nicht einen Becher Wein mit mir trinken?«
»Gerne«, lächelt Eisenherz; denn er ahnt, warum der Kapitän so freundlich tut.
Ein kleiner Trick hinter dem Mantelzipfel, und die beiden Becher sind vertauscht.
Der Kapitän ist schon viel zu müde, um noch zu merken, daß er den für Eisenherz bestimmten Schlaftrunk selber getrunken hat.
Eisenherz wechselt wieder einmal die Kleider und begibt sich so auf das dunkle Deck.
Die Spießgesellen des Kapitäns lassen sich täuschen. Einer fragt: »Schläft er?« Zur Antwort klingelt Eisenherz nur mit dem Beutel.
202 12-22-40
Und so wird der Kapitän selber im ohnmächtigen Schlaf an die Reling geschleppt.
HAL FOSTER
AMURATH
THAGNAR
LAUNCELOT
SIR GAWAIN
PRINCE VALIANT
KING ARTHUR
QUEEN GUINEVERE
WISE MERLIN
MORGAN LE FEY
RAMUD

Prinz Eisenherz
KÄMPFT GEGEN DIE HUNNEN
von HAROLD FOSTER
Die zwei Seeleute schleppen den schnarchenden Kapitän an die Reling.
Im letzten Augenblick entdecken sie, daß sie den eigenen Herrn ins Meer werfen wollen.
Das »Singende Schwert« ist nicht geeignet, ein schuldiges Gewissen zu beruhigen.
Eisenherz läßt den Kapitän in die Kajüte zurücktragen. Der Schlaftrunkene denkt noch lange nicht ans Aufwachen.
Der Prinz legt sein Schwert zur Seite, bricht ein Stuhlbein ab und zeigt den Schiffern, daß mit ihm nicht zu spaßen ist.
Ein wenig später beginnt das Schiff im aufkommenden Sturm schwer zu stampfen.
Der Kapitän und seine beiden besten Leute sind im Augenblick nicht dienstfähig. Die übrige Mannschaft erfaßt Furcht. Eisenherz übernimmt das Kommando. Alle gehorchen.
Das Schiff jagt mit dem Sturmsegel vor dem heulenden Wind durch die ungewisse Finsternis.
AMURATH
THAGNAR
LAUNCELOT
SIR GAWAIN
PRINCE VALIANT
KING ARTHUR
QUEEN GUINEVERE
WISE MERLIN
MORGAN LE FEY
RAMUD

Prinz Eisenherz
KÄMPFT GEGEN DIE HUNNEN
von HAROLD FOSTER
Der seekundige Kapitän liegt immer noch laut schnarchend unter Deck.
»Heraus, mein schöner Freund! Wir brauchen jetzt einen, der das Schiff und die See hier etwas besser kennt als ich!«
Wind und Gischt wecken den Kapitän vollends auf. Der schlingernde Segler treibt in eine gefährliche Meerenge.
Ein Wirbelstrom erfaßt das Schiff, aber es jagt sturmgepeitscht darüber weg und entrinnt so Scylla und Charybdis: zwei Gefahren, die schon Herkules und Odysseus zu bestehen hatten.
Langsam segeln sie vorbei. Der Anblick ist schön und schrecklich zugleich.
Der Sturm läßt nach. Doch dafür droht eine neue Gefahr. Der Ätna. Siziliens großer Vulkan, fängt an, gewaltig Feuer zu speien.
HAL FOSTER
Nach dem Sturm entdeckt Eisenherz an der Küste einen großen Dreimaster, der die Schäden der letzten Nacht ausbessert.
AMURATH
THAGNAR
LAUNCELOT
SIR GAWAIN
PRINCE VALIANT
KING ARTHUR
QUEEN GUINEVERE
WISE MERLIN
MORGAN LE FEY
RAMUD

Prinz Eisenherz
KÄMPFT GEGEN DIE HUNNEN
von HAROLD FOSTER
Das Kriegsschiff liegt in einer geschützten Bucht und bessert seine Sturmschäden aus.
Sein Herr, Angor Wrack, braucht gerade Sklaven für seine Ruder.
»Sie setzen ein Boot mit Bewaffneten aus«, ruft der Kapitän. »Das kann nur eines bedeuten: Wir sollen Rudersklaven werden!«
Bei der Windstille fruchten alle Bemühungen nichts. Die flinken Boote kommen näher.
Der Kapitän und seine Mannschaft geben den Widerstand bald auf. Für Prinz Eisenherz muß Angor Wrack allerdings einen hohen Preis zahlen.
»Hier sind die Sklaven, Herr. Der Träger dieses Schwertes hat uns aber viel Blut gekostet.«
HAL FOSTER
Angor Wrack schaut lange auf die glänzende Klinge. Dann nimmt er seinen Dolch und entfernt die Binsen vom Griff. Die Juwelen des »Singenden Schwertes« funkeln in der Sonne.
205 1-12-41
AMURATH
THAGNAR
LAUNCELOT
SIR GAWAIN
PRINCE VALIANT
KING ARTHUR
QUEEN GUINEVERE
WISE MERLIN
MORGAN LE FEY
RAMUD

Prinz Eisenherz
KÄMPFT GEGEN DIE HUNNEN
von HAROLD FOSTER
Ein solches Schwert hat selbst Angor Wrack noch nicht gesehen. Er muß es immer und immer wieder voller Staunen betrachten.
»Das ist wahrhaft ein königliches Schwert, er hat es gestohlen. Kettet ihn an ein Ruder.«
Und so wird Eisenherz, der stolze Königssohn aus Thule, zum Galeerensklaven erniedrigt.
Die Piraten fahren über das Mittelmeer nach Osten und plündern dabei, wo sie können.
An der griechischen Küste geht das Schiff vor Anker. Eisenherz entsinnt sich seiner Zauberkette und streicht mit dem Finger über ihre Kante. Sollte sie vielleicht doch helfen können?
Die Kette ist wie eine scharfe Feile, der auch die Eisenfesseln nicht lange widerstehen.
Der Prinz starrt durch die Ruderlöcher auf die Küste und sinnt . . . und sinnt.
Das Schiff versorgt sich mit Süßwasser, und bei dieser Arbeit müssen alle Männer helfen.
Nur der Sklavenmeister bleibt an Bord zurück.
HAL FOSTER
AMURATH
THAGNAR
LAUNCELOT
SIR GAWAIN
PRINCE VALIANT
KING ARTHUR
QUEEN GUINEVERE
WISE MERLIN
MORGAN LE FEY
RAMUD

Prinz Eisenherz
KÄMPFT GEGEN DIE HUNNEN
von HAROLD FOSTER
Das Kriegsschiff ankert vor der griechischen Küste und ergänzt seinen Süßwasservorrat.
Bis Sonnenuntergang ist die Arbeit getan. Die Landungsboote werden wieder an Bord gehievt.
Die Peitsche des Sklavenmeisters weckt die erschöpften Männer aus dem Schlaf und treibt sie zu neuer Mühsal.
Und dann verläßt der Sklavenmeister diese Welt mit einer Schnelligkeit, die er gar nicht verdient hat.
Eisenherz setzt mit einem wahren Panthersprung über die Reling und bemächtigt sich des letzten Bootes, das zufällig auch noch das kleinste war.
Die größeren Boote werden eiligst wieder zu Wasser gelassen. Bogenschützen und Speerwerfer versuchen Eisenherz zu treffen, und der Tod ist oftmals nahe.
Der Prinz steuert sein leichtes Boot in die von brechenden Wellen umtosten Klippen hinein. In diese quirlende Welt vermag ihm kein schweres Boot zu folgen.
HAL FOSTER
Schließlich kommt dem Prinzen auch noch die bergende Nacht zu Hilfe. Er setzt ein Segel und steuert seinen Kahn ins Unbekannte hinein.
207 1-26-41
AMURATH
THAGNAR
LAUNCELOT
SIR GAWAIN
PRINCE VALIANT
KING ARTHUR
QUEEN GUINEVERE
WISE MERLIN
MORGAN LE FEY
RAMUD

Prinz Eisenherz
KÄMPFT GEGEN DIE HUNNEN
von HAROLD FOSTER
Das »Singende Schwert« ist in den Händen des Piraten geblieben, aber Eisenherz schmiedet schon Pläne, wie er seine kostbare Waffe zurückgewinnen kann.
Fern am blauen Horizont taucht eine Inselgruppe aus dem Wasser. Der Prinz steuert sie fröhlich singend an. Jetzt kann er nichts mehr verlieren und nur noch alles gewinnen.
Es gibt ein böses Erwachen. Schon bei der ersten Insel verwehren die Bewohner dem Waffenlosen das Betreten des Strandes.
Durstgefoltert segelt der Prinz von Eiland zu Eiland und wird überall abgewiesen. Die Insulaner haben schon allzuviel von Seeräubern erdulden müssen und weisen jeden Fremden ab.
Ausgedörrt von einer gnadenlosen Sonne, verliert Eisenherz jeden Sinn für Zeit und Richtung.
Er weiß nicht mehr, wohin er steuert, und fällt schließlich in eine tiefe Ohnmacht.
Irgendwo treibt das Boot an einen Strand. Als Eisenherz die Augen kurz aufschlägt, sieht er . . .
. . . das Antlitz, das er nie mehr vergessen wird!
208 2-2-41
HAL FOSTER
Traum oder Wirklichkeit? Eisenherz springt auf, sieht aber nichts als die weite, leere See ringsum, das Boot jedoch ist mit köstlichen Gaben beladen.
AMURATH
THAGNAR
LAUNCELOT
SIR GAWAIN
PRINCE VALIANT
KING ARTHUR
QUEEN GUENEVERE
WISE MERLIN
MORGAN LE FEY
RAMUD

Prinz Eisenherz
KÄMPFT GEGEN DIE HUNNEN
von HAROLD FOSTER
Eisenherz sucht den ganzen Horizont ab und meint schließlich, das Mädchen sei vielleicht doch nur ein Bild seiner Träume gewesen.
Aber die Lebensmittel im Boot, bei denen auch ein Mantel liegt, sind doch wirkliche Wirklichkeit. Eisenherz findet einen Zettel.
»Kein Fremder darf auf unseren Inseln landen und weiterleben. Aber du bist zu jung, um schon zu sterben. Versuche nie zurückzukehren.
Aleta, Königin der Nebelinseln.«
Eisenherz setzt das Segel. Von dieser Stunde an will er die Welt nicht mehr nach Abenteuern durchstreifen. Sein Leben soll fortan nur noch der Suche nach Aleta geweiht sein.
Kreuz und quer übers Meer geht die Suche. Wieder einmal entweicht der Prinz einem Seeräuberschiff durch die Flucht in die nahen Klippen.
An Land darf er nirgends; er findet aber drei Fischer, die er nach den Nebelinseln befragen kann.
Die Antwort ist niederschmetternd: »Irgendwo und weit weg, wo keiner hinfinden kann!«
Über das Ägäische Meer, vorbei an den Inseln, auf denen einst die griechischen Helden lebten, segelt ein Prinz auf der Suche nach einem Mädchen, das er vielleicht nur im Traum gesehen hat.
209 2-9-41
Der letzte Bissen ist gegessen, der letzte Schluck getrunken, aber Eisenherz segelt weiter.
AMURATH
THAGNAR
LAUNCELOT
SIR GAWAIN
PRINCE VALIANT
KING ARTHUR
QUEEN GUINEVERE
WISE MERLIN
MORGAN LE FEY
RAMUD

DIE SAGE
VOM SINGEN
EN
SCHWERT

Wir laden ein zu einer Reise durchs Komikland

Zunächst geht es mit Little Nemo auf Traumreise durchs Schlummerland. Farbige Märchenwelten mit bizarren Landschaften und Architekturen, bevölkert von seltsamen Gestalten, laden ein. In diesem Comic, das McCay ab 1905 zeichnete, sind der Phantasie keine Grenzen gesetzt.

Die Abenteuer von Prinz Eisenherz führen in die Zeit König Arthurs und seiner Tafelrunde. Die verwegenen Fahrten des Ritters, die Kämpfe und Intrigen, Romanzen und Hofgeschichten haben Prinz Eisenherz zu der beliebtesten Rittergestalt der Comic-Geschichte gemacht, nicht zuletzt wegen des genauen und realistischen Stils seines Schöpfers Hal Foster, der die »Sage vom singenden Schwert« seit 1937 zeichnet.

Mit Flabby Jack geht es dann auf Entdeckungsfahrt durch die Kunstgeschichte. In Leo Leonhards kunstvollen, phantastischen Bildern begegnen wir berühmten Gestalten der Geschichte: Goethe und Casanova, Dürers Rhinozeros und Figuren der Commedia dell' Arte. Leonhards Flabby Jack erscheint seit 1972.

Für Neugierige:
Auf der nächsten Seite geht es weiter.

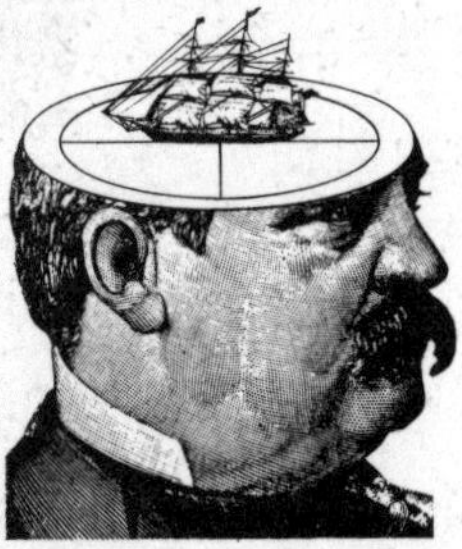

Prinz Eisenherz

von Harold Foster

In den Tagen König Arthurs 1
Band 1541

In den Tagen König Arthurs 2
Band 1542

Kampf gegen die Hunnen 1
Band 1547

Kampf gegen die Hunnen 2
Band 1549